SOCIÉTÉ DES AGRICULTEURS DE FRANCE

21, AVENUE DE L'OPÉRA, 21

DE

L'INDEMNITÉ AU FERMIER SORTANT

RAPPORT

PRÉSENTÉ AU NOM DE LA SECTION D'AGRICULTURE
A L'ASSEMBLÉE GÉNÉRALE DE LA SOCIÉTÉ DES
AGRICULTEURS DE FRANCE

LE 11 FÉVRIER 1890

PAR

M. G.-L. DE BELLEVILLE

PARIS

AU SIÈGE DE LA SOCIÉTÉ

21, AVENUE DE L'OPÉRA, 21

1890

DE
L'INDEMNITÉ AU FERMIER SORTANT

RAPPORT

PRÉSENTÉ AU NOM DE LA SECTION D'AGRICULTURE

A L'ASSEMBLÉE GÉNÉRALE DE LA SOCIÉTÉ DES AGRICULTEURS DE FRANCE

LE 11 FÉVRIER 1890

PAR

M. G.-L. de BELLEVILLE

Lorsque M. Pluchet en 1872 présentait un rapport à la Société des agriculteurs de France sur l'indemnité au fermier sortant, il pouvait dire en toute vérité : « Cette question est si neuve en France que c'est à peine si elle est connue. » Nous avons peut-être le droit de le rappeler, au moment où l'agitation savamment entretenue depuis trois ans autour de ce sujet, en a fait une des questions les plus brûlantes qui se débattent en ce moment dans les congrès et se débattront demain devant les Chambres.

Les raisons que la Société des agriculteurs de France avait eues pour repousser la proposition de M. Pluchet, existent-elles toujours ou doit-elle aujourd'hui admettre ce qu'elle ne voulait pas reconnaître alors? C'est ce qu'il faut rechercher sans parti pris.

« Pourquoi, dit M. Baudrillart, la Société des agriculteurs de France « en est-elle encore à faire accueil à un vœu si légitime? Craint-elle « de se démentir? Veut-elle qu'on dise d'elle qu'elle représente dans « cette question par trop étroitement l'intérêt des propriétaires, « intérêt assez mal compris, son intérêt à court terme tout au « plus ? (1) »

La Société des agriculteurs de France, si elle s'était trompée en 1873, n'hésiterait pas à le reconnaître loyalement et ne craindrait

---

1. *Journal des Economistes*, août 1889, p. 167.

pas de se démentir : elle a toujours placé au-dessus de tout l'intérêt de l'agriculture qu'elle n'a jamais confondu avec celui des propriétaires et s'il lui était démontré que l'indemnité au fermier sortant était juste et ramènerait les jours prospères en assurant le progrès agricole, elle l'acclamerait avec enthousiasme, mais après avoir condamné, au moment où personne en France ne s'en préoccupait, ce prétendu principe, elle ne trouve dans tous les écrits, dans tous les discours, dans toutes les discussions auxquels ce sujet a donné lieu dans ces dernières années, rien qui puisse lui faire abandonner les raisons par lesquelles elle prenait une détermination qu'elle maintient aujourd'hui avec plus de fermeté que jamais : c'est au moment où les vrais principes sont le plus attaqués qu'on doit les défendre avec plus d'ardeur.

Je ne veux pas faire ici l'historique de la question de l'indemnité au fermier sortant devant les Chambres françaises, je n'analyserai donc ni la proposition Pezerat du 30 octobre 1848, ni celle de M. Morellet du 19 novembre 1850, ni celle de M. de Ladoucette en 1854 à propos du code rural, ni celle de M. Gagneur du 28 mars 1870

Je ne m'arrêterai pas davantage aux trois projets de loi déposés à la dernière législature le 26 mars 1887, par M. Dugué de la Fauconnerie, le 27 mars 1888 par MM. Maxime Lecomte, Tystram et Pierre Legrand, le 7 juin 1888, par M. Lesouef et l'amendement Thellier de Poncheville du 2 avril 1889 ; ils ont disparu avec elle.

Mais depuis que la nouvelle Chambre est réunie, M. Maxime Lecomte, député du Nord, a repris, sous forme de proposition nouvelle, un projet qui vient d'être pris en considération le 27 janvier 1890.

Il est ainsi conçu :

Article premier. — Les dispositions suivantes sont ajoutées à l'article 1766 du Code civil :

« Le propriétaire devra tenir compte au fermier des deux tiers de la plus-value que celui-ci aura procurée au fonds loué pour ses travaux de culture et qu'il aura fait constater contradictoirement avant sa sortie.

« Toute clause de bail ou convention, ayant pour but d'empêcher l'application de la disposition précédente, sera nulle et de nul effet. »

« Ce qui concerne les constructions et plantations continuera à être régi, à défaut de convention, par les dispositions de l'article 555.

Art. 2. — « Les dispositions suivantes sont ajoutées à l'article 5 de la loi du 25 mai 1838 sur les justices de paix :

« Les contestations relatives aux indemnités de plus-values réclamées par le fermier sortant au propriétaire seront soumises au juge de paix.

« Le juge de paix compétent sera celui de la situation du fonds loué ou de la partie principale de ce fonds. »

De leur côté, MM. Thellier de Poncheville, de la Martinière, comte Albert de Mun et baron Piérard ont, le 28 novembre 1889, proposé le projet de loi suivant :

ARTICLE PREMIER. — « Les dispositions suivantes sont ajoutées à l'article 1766 du Code civil : A défaut de convention spéciale, le propriétaire devra tenir compte au fermier des deux tiers de la plus-value que celui-ci aura procurée au fonds loué, par ses travaux de culture, par des amendements, fumiers ou engrais, et qu'il aura fait constater contradictoirement au moment de sa sortie.

« Le fermier sortant sera aussi indemnisé, dans les mêmes proportions, de la plus-value résultant de tous autres ouvrages qu'il aura faits sur le fonds, s'il justifie que ces ouvrages ont été exécutés avec le consentement exprès ou tacite du bailleur.

« Le juge pourra, suivant les circonstances, décider que l'indemnité due par le propriétaire au fermier sera payée en plusieurs termes, avec ou sans intérêts. Toute clause de bail ou convention ayant pour objet de priver le fermier de la totalité de la plus-value, sans compensation, sera nulle et sans effet.

L'article 2 est la reproduction de l'article 2 du projet précédent.

Il faut, par conséquent, examiner si l'indemnité au fermier sortant doit être, oui ou non, consacrée par la loi.

Parmi les partisans de l'intervention législative, les uns ne l'admettent que dans le cas où les parties elles-mêmes n'auraient pas fait connaître leur volonté, respectant ainsi la liberté des conventions, les autres l'imposent dans tous les cas, c'est-à-dire qu'ils rendent l'indemnité au fermier sortant obligatoire malgré toute convention contraire, et il faut bien le reconnaître ces derniers seuls sont logiques, car de deux choses l'une : ou le principe est juste et il faut l'appliquer, ou il est faux et il faut le repousser ; du reste, en fait, on va fatalement d'une loi facultative à une loi obligatoire, l'exemple de l'Angleterre est là pour nous l'apprendre. Les deux projets de loi déposés à la Chambre imposent l'un et l'autre l'obligation de reconnaître la plus-value, le premier d'une façon absolue, le second avec quelques atténuations ; le Congrès international l'a votée et le seul projet qui entre dans le détail de la pratique, c'est-à-dire celui de la Société des agriculteurs du Nord, la demande également : c'est donc ce principe obligatoire qu'il faut envisager avec toutes ses conséquences et elles sont telles que l'un des promoteurs de l'ingérence de la loi en cette matière, paraît reculer devant les applications qu'en a faites le Congrès, ou tout au moins il atténue singulièrement, pour ne pas dire qu'il dénature, la portée du vote qui y a été émis.

« Les censeurs du vote émis par le Congrès international, dit M. Baudrillart, oublient entièrement que ce vote réserve la liberté des parties contractantes. Ce n'est que dans l'absence de clauses contraires que la loi aurait son action pleine et entière (1). » Et plus loin : « Nous n'accordons un rôle à la loi que dans les cas où les parties contractantes n'auraient pas pris de conventions contraires (2). » Il semble donc que la liberté des conventions soit sauvegardée. Or voici la proposition textuelle votée par le Congrès : « Tout contrat, accord, convention, par lequel le fermier renoncerait à son droit de demander une indemnité à raison d'améliorations culturales, à l'exception d'un règlement antérieur d'indemnité, sera sur ce chef nul et de nul effet en droit et en équité. Mais le règlement de la plus-value (et c'est là ce qu'on a appelé l'amendement Méline) pourra être établi dans le contrat de bail à d'autres bases et à d'autres conditions que celles qui sont déterminées par la loi (3). » Je livre, messieurs, ce simple rapprochement à vos méditations.

Cette appréciation inexacte du vote du Congrès est suivie d'une appréciation complètement erronée de la loi anglaise, que l'on s'étonne de trouver sur la plume d'un économiste aussi distingué que M. Baudrillart. « Elle livre en fait, dit-il, le domaine à l'action presque exclusive du fermier qui peut, à son gré, accomplir toutes les améliorations de fonds qui intéressent l'avenir en engageant des capitaux considérables tels que bâtiments, drainages, irrigations, défrichements, etc. (4). » Or les bâtiments, irrigations, défrichements, font partie de la première classe d'améliorations pour lesquelles l'article 3 de la loi exige le consentement du propriétaire, et le drainage constitue à lui seul la deuxième classe pour laquelle il faut faire une notification au landlord qui est libre soit de l'exécuter lui-même, soit de le laisser exécuter par son fermier.

Si j'ai relevé dès le début ces deux erreurs de M. Baudrillart, ce n'est pas pour le vain plaisir de vous les faire toucher du doigt, c'est pour montrer combien il est nécessaire dans une question si importante, de contrôler toutes les assertions et ce sera aussi mon excuse pour la longueur du rapport que j'ai à vous présenter, car il importe de ne rien avancer que de vrai pour l'honneur de notre Société et des principes que nous soutenons devant vous.

Je ne voudrais pas, messieurs, empiéter sur les attributions de la section d'économie et législation rurales : notre savant collègue, M. Tournyer, avec la compétence spéciale que lui donnent sa profonde connaissance du droit et une brillante pratique judiciaire a fait, en son nom, un rapport dans lequel il traite la question avec l'ampleur et l'importance qu'elle mérite au point de vue du droit et de la légis-

1. *Journal des Economistes*, novembre 1889, p. 162.
2. *Id.* p. 165.
3. Congrès international d'agriculture, p. 340.
4. *Journal des Economistes*, novembre 1889, p. 163.

lation, et il ne saurait entrer dans mon esprit de traiter avec quelque développement le sujet qui lui a été réservé ; mais je ne puis oublier et je vous demande la permission de rappeler que la question de l'indemnité au fermier sortant a été posée, l'année dernière, devant la section d'agriculture, dans un rapport dont j'avais été chargé, qu'elle y a été étudiée par une commission composée de MM. Petit, Dumont, de Monicault, Néron, de Chauvenet, Tournyer et de Belleville, et je crois nécessaire d'indiquer ici d'une façon brève mais complète, les raisons invoquées pour soutenir l'indemnité et celles aussi pour lesquelles nous vous proposerons de la repousser ; puis j'examinerai le projet de la Société des agriculteurs du Nord, puisque c'est le seul qui soit entré dans le détail et j'indiquerai la solution que nous croyons devoir proposer.

Pour établir et défendre le principe de l'indemnité au fermier sortant, trois raisons principales sont invoquées : l'équité, l'utilité sociale, les exemples de l'Angleterre et de la Belgique.

L'équité. — L'article 1766 du Code civil donne, dit-on, au bailleur le droit d'exiger du preneur des dommages-intérêts s'il détériore le sol, mais s'il l'améliore pour une durée qui dépasse son bail, on ne lui accorde aucune compensation.

Pour voir ce que vaut cet argument, il faut lire d'abord l'article 1766 ; il est ainsi conçu : « Si le preneur d'un héritage rural ne le garnit pas des bestiaux et des ustensiles nécessaires à son exploitation, s'il abandonne la culture, s'il ne cultive pas en bon père de famille, s'il emploie la chose louée à un autre usage que celui auquel elle a été destinée, ou en général s'il n'exécute pas les clauses du bail et qu'il en résulte un dommage pour le bailleur, celui-ci peut, suivant les circonstances, faire résilier le bail. En cas de résiliation provenant du fait du preneur, celui-ci est tenu à des dommages-intérêts, ainsi qu'il est dit en l'article 1764. »

Qu'en résulte-il ? Que le fermier est tenu d'exécuter les clauses du bail, de remplir les conditions librement débattues, librement acceptées par lui, rien de plus : en signant son bail, il sait à quoi il s'engage, il n'y a pour lui aucun inconnu, aucune incertitude sur les obligations qu'il contracte ; cet article n'est que la consécration du principe posé par l'article 1134 que les conventions légalement formées tiennent lieu de loi à ceux qui les ont faites, car tous les baux en reproduisent les sages prescriptions et d'ailleurs pourrait-on citer l'exemple d'un propriétaire ayant demandé et obtenu des dommages et intérêts en vertu de cet article ? Lorsqu'il y aurait lieu à l'appliquer, le fermier est le plus souvent insolvable.

Prétendre que la contrepartie nécessaire de cet article 1766 est l'indemnité à accorder au fermier sortant, c'est ne tenir aucun compte de la réalité des faits : si le propriétaire était toujours admis à donner son consentement aux améliorations quelles qu'elles soient, projetées par son fermier, on pourrait au besoin soutenir ce système qui résulterait alors d'une sorte de convention faite en cours de bail; mais ce n'est pas là ce qu'on veut, puisque le propriétaire devra être tenu même d'améliorations qui auront été exécutées non seulement malgré lui, mais encore à son insu, il ne sait pas à quoi la loi l'engage, il est livré à l'arbitraire du fermier qui fera ou ne fera pas des améliorations, selon qu'il les trouvera avantageuses, non pas à la production générale, mais à ses intérêts particuliers, car enfin on parle toujours de justice, de réciprocité, où sont-elles? lorsqu'il est impossible, et cela, d'ailleurs, ils ne le demandent pas, d'accorder aux propriétaires le droit d'exiger de leur fermier des améliorations qui leur paraîtraient utiles et désirables.

Ce Code civil qu'on attaque tant aujourd'hui sur ce point, cette législation qu'il déclarait au Congrès « insuffisante et défectueuse » (1), M. Baudrillart lui rendait naguère un hommage que je me permettrai de rappeler, car voici ce que je lis dans ses études sur les populations rurales du nord de la France, celles-là mêmes qui nous occupent en ce moment : « Il faut bien, dit-il, que les prescriptions par lesquelles le Code règle les rapports des propriétaires et des fermiers soient équitables et satisfaisantes pour qu'à très peu d'exceptions près, tous les adoptent, sans même y joindre le plus souvent des prescriptions accessoires que la loi n'interdit pas (2). » La loi en effet n'interdit aucune clause, elle laisse aux parties liberté pleine et entière de régler, comme elles l'entendent, les conditions du bail.

Je n'examinerai par la situation du fermier qui, ayant fait des améliorations dans sa ferme, s'en voit déposséder et perd ainsi le fruit de ses avances; si elle se présente, c'est à l'état de rare exception, et encore n'aurait-on pas le droit de faire remarquer qu'au moment où a été fait le bail, de deux choses l'une : ou la ferme était en bon état, et en la rendant telle le fermier ne fait que remplir ses obligations, ou elle était en mauvais état, et dans ce cas le prix du bail a été diminué d'une somme représentant les capitaux nécessaires pour la remettre en bon état, et si le fermier avait droit encore à une indemnité de sortie, il serait indemnisé deux fois : à l'entrée, par l'abaissement du prix du bail; à la sortie, par l'estimation de la prétendue plus-value; en réalité, les fermiers ne font aujourd'hui que les améliorations dont ils savent pouvoir tirer parti dans le cours de leur bail et, de l'aveu même de nos contradicteurs, il résulte qu'ils

1. Congrès international, p. 308.
2. *Revue des Deux Mondes* du 1er septembre 1882, p. 139.

font de la culture épuisante dans les dernières années de leur jouissance, et cela malgré les prescriptions de l'article 1766, dont pas un propriétaire n'a pu se prévaloir pour demander et obtenir du fermier sortant une indemnité dérisoire et jamais accordée.

Enfin on objecte que le propriétaire peut louer son bien aussi cher qu'il veut, tandis que la loi limite le loyer du capital (1), et l'on demande aux pouvoirs publics de rétablir plus équitablement l'équilibre dans les rapports des exploiteurs du sol avec les propriétaires, au moyen de quelques lois démocratiques (2) portant atteinte à la liberté des contrats. J'emprunterai la réponse au rapport présenté à la Chambre, le 14 décembre 1850, par M. Gaslonde, à propos de la proposition Morellet, rapport remarquable où sont déjà développées les principales objections soulevées par le prétendu principe de l'indemnité au fermier sortant : « La liberté des contrats, y est-il dit, est une des plus précieuses conquêtes de l'esprit moderne... on ne réussirait pas plus à supprimer la liberté dans les transactions que la concurrence dans l'industrie. Nous reconnaissons sans doute que le principe de la liberté des conventions a, comme tous les principes, ses limites et ses restrictions... ; mais y a-t-il rien qui motive une pareille intervention du législateur dans les stipulations librement discutées, librement consenties du contrat, de bail à ferme ? Le fermier est-il donc, au moment du contrat dans la dépendance du propriétaire ? Veut-on dire que le fermier a plus besoin de la terre du propriétaire que le propriétaire de l'industrie du fermier ? Le loyer de la terre se règle par la grande loi de l'offre et de la demande. La concurrence entre les propriétaires et les fermiers a pour effet de ramener à une juste mesure les prétentions excessives des uns et des autres (3). » C'est d'ailleurs une exagération trop manifeste pour qu'il soit nécessaire d'y insister, mais elle dévoile peut-être le but secret que poursuivent les agitateurs du Nord.

Utilité sociale. — Aussi insiste-t-on davantage sur la seconde raison tirée de l'*utilité sociale* : si l'équité et la justice ne sont pas directement intéressées à l'adoption du principe de l'indemnité au fermier sortant, puisque, dans la plupart des cas, le fermier ne laisse pas la terre dans un meilleur état que celui dans lequel il l'a prise ; faute de ce principe, la production nationale, dit-on, au lieu d'augmenter décroît, et l'on a même voulu chiffrer à un dixième de la production totale du blé en France, soit à 300 millions par

1. Rapport à la Société des agriculteurs du Nord, *Bulletin* trimestriel, octobre novembre, décembre 1888, p. 664.

2. *Id.*, p. 667.

3. Impressions, n° 1460.

année, la perte moyenne imputable à cet état de choses (1), en oubliant peut-être que d'après la statistique de 1882, sur les 32.872.529 hectares de terre labourable, prés, etc., que présente la France, 8.953.118 hectares seulement, soit un peu plus du quart sont cultivés par des fermiers ; encore depuis cette époque cette proportion a-t-elle diminué.

Tout en contestant les chiffres indiqués, il est loin de notre pensée de vouloir prétendre qu'il n'y ait pas là un sujet d'attention sérieux pour tous les hommes que préoccupent les progrès de notre agriculture et l'accroissement de ses rendements, mais est-ce par un tel moyen qu'on peut parer à cet inconvénient ou même l'atténuer? Je ne le pense pas; combien au contraire seraient désastreuses les conséquences d'un pareil principe ! Elles sont si évidentes que dès la première véritable proposition de loi sur l'indemnité au fermier sortant, la principale est signalée nettement dans le rapport déjà cité de M. Gaslonde. « Que vous propose notre honorable collègue, disait-« il? De contraindre le propriétaire à accepter et à payer des travaux « qu'on a faits sans consulter son goût et ses convenances. C'est là « une atteinte directe et profonde au droit de propriété. C'est « déclarer que le fermier dispose de la chose du maître, qu'il la « transforme et la modifie à son gré et que si le maître ne rem-« bourse pas le montant de la plus-value il sera exproprié de sa « chose par son propre fermier. »

Ce que prévoyait avec sagacité M. Gaslonde, cette expropriation qu'il faisait entrevoir, le rapport de la Société des agriculteurs du Nord nous la montre organisée. La propriété n'est-elle pas toujours là pour garantir l'indemnité, y est-il dit? Et plus loin (il faut ici citer textuellement, car on pourrait croire à une exagération de notre part): « Par le vote de cette loi, serait immédiatement résolue la « fameuse question du crédit agricole insoluble jusqu'à ce jour. C'est « l'intensité de la crise que nous traversons et qui a mis l'agricul-« ture à deux doigts de sa perte, qui a soulevé cette question et l'on a « beau créer autant d'établissements financiers qu'on voudra; en « leur donnant les noms les plus ronflants et les plus agricoles pos-« sible, aucun d'eux ne prêtera au cultivateur sans gages ou répon-« dant sûr, et s'il n'a pas de propriété, il n'a à offrir que son mobi-« lier de ferme, ses bestiaux, ses récoltes qui forment souvent le plus « clair de l'avoir d'un fermier, mais qui ne constituent que des « gages éphémères et susceptibles d'enlèvement trop facile. Que « pourra-t-il offrir comme garantie ?

« Mais si la loi vient dire que les améliorations, les amendements, « les engrais, en un mot la plus-value qu'il a donnée à son exploita-

1. Congrès international, page 240.

« tion lui appartient, et lui sera payée en cas de sortie, cela cons-
« tituera un gage presque aussi sûr que la propriété elle-même (1). »

Voilà les résultats : créance, gage, hypothèque, expropriation ; tel
est le terme fatal auquel peut aboutir, et auquel aboutira forcément
dans bien des cas, l'indemnité accordée aux fermiers : c'est, par voie
indirecte, la liquidation de la plus grande partie de la propriété
rurale.

Ces idées peuvent paraître naturelles dans des contrées voisines
de celles où régna si longtemps, où n'a pas encore disparu le fameux
droit de marché, par lequel le fermier traitait avec ses successeurs
s'il voulait s'en donner, détenait la location héréditairement et s'at-
tribuait le droit exclusif d'acheter les terres de la ferme lorsqu'elles
étaient à vendre, droit qui avait sa sanction dans ce qu'on a appelé
le *mauvais gré*, détestable vengeance, dit M. Baudrillart, quoiqu'un
agriculteur du Nord n'ait pas hésité à dire au Congrès international : « Les propriétaires de cette partie de la France qui autrefois maudissaient le mauvais gré, le bénissent aujourd'hui (2) ; » mais
elles n'en sont pas moins en contradiction avec nos mœurs et nos
institutions.

L'utilité sociale, d'ailleurs, lorsqu'on l'invoque, doit entraîner à de
bien autres applications. La seconde moitié du XIXe siècle n'a-t-elle
pas vu s'accroître dans des conditions extraordinaires l'industrie
moderne ? Le propriétaire foncier dont on paraît redouter l'esprit de
routine, puisqu'on a avoué au Congrès qu'on voulait forcer la main
au progrès (3), n'est plus le seul artisan de la richesse nationale ; le
manufacturier, l'industriel y contribuent également. Pourquoi donc
l'ingérence de la loi serait-elle limitée au sol et à ses détenteurs ?
De quel droit obligerait-on les propriétaires à laisser faire au fermier, malgré eux, des transformations qu'ils devront payer plus tard
sans qu'ils en retirent souvent le moindre bénéfice, alors qu'on n'ose
pas et qu'on ne peut pas imposer aux industriels la transformation
ou le perfectionnement d'un outillage qui, en leur assurant une plus
grande quantité de produits à meilleur marché, les enrichirait
d'abord, et donnerait ensuite tout son essor à la production.

C'est probablement là un de ces « privilèges exorbitants (4) »
réservés au propriétaire, dont veut parler M. Baudrillart ; n'oublions
pas d'y joindre celui non moins appréciable de supporter le plus
d'impôts.

Aussi bien, comme l'a déclaré un délégué de l'Italie, M. Ohlsen,
« la question est dans ses conséquences beaucoup plus une question

1. *Bulletin* de la Société des agriculteurs du Nord, 1888, p. 667.
2. Congrès international, p. 321.
3. Congrès international, p. 327.
4. *Journal des Economistes*, août 1889, p. 162.

sociale qu'une question agricole (1). » Qu'on le veuille ou non, la manière même dont on l'a posée en est la preuve.

Le propriétaire n'a pas seulement un droit sur la terre, il a encore un devoir envers elle qui consiste à la maintenir en bon état, à lui donner tous les perfectionnements possibles ; car si elle est un bien individuel, elle est aussi un instrument social et celui qui la néglige diminue la quantité des récoltes, ce qui est une cause de préjudice pour la société (2). Tel est le principe posé au Congrès international par M. Baudrillart : du devoir du propriétaire il déduit le droit de la société, c'est-à-dire de l'État, à intervenir lorsque le propriétaire ne remplit pas ce devoir.

Assurément les propriétaires fonciers ont des devoirs à remplir et ce n'est pas dans la Société des agriculteurs de France qu'il serait nécessaire de rappeler comment beaucoup d'entre eux les comprennent ; mais vouloir les leur imposer au nom d'une prétendue utilité sociale, n'est-ce pas oublier que la propriété est de droit naturel, qu'elle est antérieure et supérieure aux institutions humaines, que son principe est en nous-même et se manifeste par notre liberté ; elle n'est pas instituée par la loi, elle est reconnue par elle ; le propriétaire a le droit d'user ou de ne pas user de sa chose, il a même celui d'en abuser, sans cela il ne serait véritablement pas propriétaire, à condition toutefois que l'abus ne porte pas préjudice à autrui, et c'est seulement pour empêcher ce préjudice que la loi doit intervenir ; faire de la propriété foncière une sorte de fonction publique, vouloir la réglementer comme telle, c'est ouvrir la porte au socialisme d'Etat, le pire de tous, car sous les dehors séduisants parfois mais trompeurs du bien public, l'intervention de l'Etat confisque souvent les droits des citoyens.

Ce qu'on propose, c'est la négation *du droit de propriété*, c'est la mainmise de l'Etat représentant la société sur toutes les propriétés privées.

C'est ce que demande en Angleterre M. Bradlaugh, d'après lequel chaque propriétaire serait obligé de cultiver la terre de la manière la plus avantageuse à la propriété ; celui qui ne l'utiliserait pas ainsi serait coupable d'un délit et il serait exproprié moyennant un prix calculé d'avance.

C'est ce que dans l'intérêt social on a proposé en Allemagne : M. Michel Flursheim, un des grands industriels du pays de Bade, dans deux ouvrages, *Par une voie pacifique* (1884) et *Le monopole du Crédit foncier* (1886), conclut à ce que l'Etat s'empare de toutes les propriétés foncières et en perçoive la rente ; cette rente serait

_____

1. Congrès international, p. 334.
2. Congrès international, p. 307.

cinq ou six fois plus élevée que celle que se partagent les propriétaires et les cultivateurs actuels, parce qu'une direction scientifique présiderait à l'administration du patrimoine foncier de la nation et que toutes les erreurs de gestion des propriétaires particuliers seraient évitées.........L'Etat achèterait les terres au moyen de titres de rente qu'il amortirait avec les bénéfices obtenus par le merveilleux accroissement de la rente foncière. On pourrait commencer par monopoliser aux mains de l'Etat les hypothèques qui grèvent les propriétés, on éliminerait ainsi les propriétaires endettés (1).

En 1885, M. Schœffle, professeur à Tubingue, qui avait été ministre du commerce dans le cabinet Auersperg en 1866, développait dans une brochure intitulée : *L'échec certain du socialisme*, un système d'après lequel l'Etat réglerait la production des entreprises privées et où les exploitations publiques seraient substituées aux exploitations individuelles toutes les fois que le système capitaliste ne peut donner à l'intérêt général la double satisfaction d'une plus haute production et d'une répartition passable (2).

C'est ce que dans le concours ouvert cette année même par la section d'agriculture, proposait un des concurrents lorsqu'il recommandait la vente au moyen d'obligations à long terme des propriétés au profit des exploitants. Nous avons été quelque peu surpris, nous l'avouons, disait à ce propos M. de Monicault dans son rapport, par l'exposé de cette solution qui, au dire de son auteur, amènerait la fusion complète des intérêts du propriétaire et de l'exploitant, nous le croyons sans peine, mais ce n'est pas ainsi que nous l'entendons.

Quand on abandonne les véritables bases de la propriété, voilà où on en arrive avec le socialisme d'Etat.

M. Baudrillart cherche bien à s'en défendre : « Il ne faut pas laisser croire qu'on entre dans les voies du socialisme d'Etat, dit-il, « alors qu'on ne fait que consacrer un principe d'économie politique, « celui de la juste rémunération du travail et du capital entrepre-« neur. » (3) L'économie politique n'est pas précisément une science exacte, puisqu'elle présente tant d'écoles diverses. M. Baudrillart nous permettra de nous défier un peu des principes qu'elle pose sans cesse et qu'elle ne démontre jamais ; ce qui est à ses yeux la juste rémunération du travail, est aux yeux d'un autre un minimum dont on se contente faute de mieux, un échelon gravi dans l'ascension continuelle qui doit aboutir à la nationalisation du sol, c'est-à-dire à la réalisation de la thèse soutenue par Henry George, dans de nombreuses conférences en Angleterre et dans un congrès tenu à Paris même l'année dernière.

1. Claudio Jannet : *Le socialisme d'Etat*, p. 130 et 131.
2. *Id.*, p. 129 et 130.
3. *Journal des Economistes*, août 1889, p. 164.

M. Baudrillart se plaint après cela de la qualification de révolutionnaire (1) donnée au vote du Congrès, sans s'apercevoir qu'il tire sur ses propres troupes, car ce sont les partisans de l'indemnité aux fermiers sortants eux-mêmes qui se sont servis de cette expression dont ils sentaient bien toute la justesse : « Je comprends, disait un des orateurs du Congrès, les répugnances du propriétaire devant un procédé qui paraît un peu révolutionnaire (2). » Nous ne différons d'avis avec l'orateur que sur la quantité, le procédé nous paraît à nous tout à fait révolutionnaire.

Ce moyen, reconnu révolutionnaire par ceux mêmes qui l'ont proposé, est-il possible d'ailleurs de l'appliquer sans distinction dans tous les pays de fermage, et quels en seraient les résultats ?

Le mot « fermage » signifie partout la même chose : à savoir, soit un mode de culture, soit la somme d'argent représentant la jouissance de la terre, objet du bail à ferme ; mais le nom de fermier, donné indifféremment à tout preneur à bail, désigne cependant, selon les régions, un cultivateur ayant une situation très différente, c'est ce qu'on oublie trop facilement et ce qu'il importe de mettre en lumière.

Le fermage ne représente point, comme l'a écrit M. Baudrillart, environ la moitié des exploitations, la moitié du nombre des hectares formant la terre cultivable de la France (3), il en représente, d'après les chiffres de la statistique de 1882 que j'ai déjà cités, un peu plus du quart ; il domine surtout dans le Centre, dans le Nord et sur le littoral de l'Océan et de la Manche. Or, peut-on établir une comparaison entre les fermiers du Nord, par exemple, prenant la terre nue, sans cheptel d'aucune sorte vif ou mort, quelquefois sans bâtiments, munis d'un capital d'exploitation considérable, égal souvent à la valeur du capital foncier qui constitue l'apport du propriétaire, et les fermiers des départements du Centre auxquels le propriétaire fournit toujours non seulement les bâtiments nécessaires à l'exploitation, mais encore un cheptel représentant en moyenne la valeur de deux années de fermage. Il y a entre ces deux fermiers toute la différence qui existe entre les terres qu'ils font valoir ; les unes à culture intensive, industrielle, à gros rendements, où la betterave à sucre joue un grand rôle, les autres à culture extensive, la seule qui leur soit appropriée et dont la valeur vénale ne représente souvent même pas la somme nécessaire au capital d'exploitation indispensable dans les riches terres du Nord pour en tirer tout le parti possible ; avec les premiers, le propriétaire a pour garantie leur capital d'exploitation ; avec les seconds, il n'en

1. *Journal des Economistes*, novembre 1889, p. 162.
2. Congrès international, p. 327.
3. *Journal des Economistes*, août 1889, p. 169.

a pas d'autre que leur travail ; les uns peuvent être considérés comme de véritables entrepreneurs, les autres ne sont et ne peuvent être que des cultivateurs ; et c'est pour ces hommes, appelés les uns et les autres du même nom, quoiqu'ayant une situation si diverse qu'on proposerait une loi uniforme ? Cela n'est pas possible.

Aussi je n'hésite pas à le dire : l'adoption d'une pareille loi serait dans tous les pays que j'appellerai de fermage à cheptel, la disparition à bref délai de ce fermage qui, partout, serait remplacé soit par le faire-valoir, soit par le métayage ; depuis quelques années, ce mode particulier d'exploitation, qui associe véritablement dans un effort commun le propriétaire et le cultivateur, reprend faveur à juste titre ; il règne seul dans beaucoup de départements surtout dans le Midi, il domine dans quelques-uns des départements du Centre ; dans d'autres, il se partage déjà la terre avec le fermage ; il trouvera certainement une force d'expansion nouvelle dans les entraves apportées à la liberté du propriétaire.

Et quant aux régions du Nord, là où le fermage subsistera encore, il finira par absorber la petite et la moyenne propriété, car ce sont elles surtout qui sont menacées, la grande propriété pouvant naturellement disposer de capitaux qui font défaut aux deux autres ; il semble, en effet, que les promoteurs de l'indemnité au fermier sortant n'aient tenu aucun compte de la constitution et de la division de la propriété en France. Or, d'après la statistique officielle de 1882, sur les 52.857.199 hectares qui forment le territoire total de la France, le territoire agricole, déduction faite des bois de l'Etat, comprend 49.561.861 hectares se répartissant entre 5.672.007 exploitations ; en défalquant du total des exploitations celles qui ne dépassent pas une moyenne de 50 ares, représentant surtout des jardins potagers et maraîchers, soit 2.167.667, il en reste 3.504.340 sur 48.478.028 hectares et compris les 8.426.000 hectares de bois.

Ces exploitations se décomposent de la manière suivante.

Petite culture de 1 à 10 hectares 2.635.030 exploitations comprenant 11.166.274 hectares
Moyenne culture de 10 h. à 40 h. 727.222 — 14.845.650 —
Grande culture de 40 h. et au-dessus 142.080 — 22.266.104 —

« Si l'on considère, dit M. de Luçay, que d'un côté, les limites de la moyenne culture s'étendent un peu au delà de celles assignées par la statistique de 1882 ; que, de l'autre, le massif forestier figure pour la presque totalité parmi les 22 millions d'hectares de la grande culture, on est en droit d'affirmer que la moyenne partie du sol arable est actuellement aux mains des laborieuses populations de nos campagnes qui font la force et la prospérité de la patrie (1). »

1. L'agriculture de l'Oise, page 35.

Je ne veux pas rapporter ici les chiffres concernant cette division de la propriété dans les pays étrangers; mais « ce rapprochement, dit le rapporteur, M. Tisserand, montre l'heureuse constitution de la culture et de la propriété en France. Il explique sous beaucoup de rapports, la situation et la force de résistance de l'agriculture en présence des difficultés et des fléaux qui l'assaillent (1). »

Eh bien, que se passera-t-il pour cette moyenne et petite propriété si on admet le principe de l'indemnité au fermier sortant : combien de fois le petit propriétaire ne se trouvera-t-il pas réduit à la dure extrémité soit de vendre son bien ou une partie de son bien, soit d'emprunter pour payer l'indemnité qui lui sera réclamée, et l'on sait où conduisent les emprunts !

Nous sommes fiers, et à bon droit, de l'extension de la petite et de la moyenne propriété en France : elle existait bien avant 1789 et avait déjà frappé Arthur Young par le contraste avec la concentration du sol dans son pays ; mais elle a pris depuis un développement plus grand encore par la vente des biens nationaux et par les effets de la loi successorale. Prenons garde de porter un coup fatal à cette petite propriété et, par elle, à l'existence de la classe moyenne, nécessaire dans toutes les sociétés, plus nécessaire peut-être encore dans une société démocratique comme la nôtre et dont l'absence est en grande partie cause des souffrances de l'Irlande et même de l'Angleterre. Or on doit le dire, la petite propriété est menacée et l'augmentation des expropriations en est la preuve la plus triste et la plus convaincante : le chiffre des ventes sur saisie immobilière, qui était de 6.370 en 1878, est allé toujours en croissant depuis cette époque, il est arrivé à 9.575 en 1885 et à 11.498 en 1886, alors que les ventes volontaires d'immeubles diminuaient et que les ventes sur licitation demeuraient à peu près stationnaires.

Et c'est dans ces conditions qu'on veut introduire un nouvel élément de dissolution de la petite et de la moyenne propriété. Ou elle disparaîtra complètement ou si, comme on l'a dit, l'agriculture doit être industrielle ou ne pas être (2), elle se constituera en une sorte de syndicat de propriétaires qui, concentrant leurs terres dans une même ferme, les feront valoir comme une usine, comme un grand atelier industriel; c'est bien à cela que poussent beaucoup d'économistes et même de bons juges en matière agricole; mais si ce but est atteint, pourra-t-on convenir que c'est celui qu'on recherchait ?

On arriverait ainsi en France dans les vrais pays de fermage, c'est-à-dire dans le Nord, car il convient de bien préciser la question, à une concentration du sol entre les mains soit de propriétaires assez

1. Statistique agricole de la France, page 332.
2. Congrès international, page 245.

riches pour l'accaparer, soit de sociétés agricoles au moment même où, en Angleterre, les lois proposées ont toutes pour objet de reconstituer une moyenne propriété, dont la disparition ne laisse plus en présence qu'une classe de propriétaires possédant presque tout le territoire, et une classe de salariés qui s'accumulent dans les villes où ils sont en proie à un paupérisme effrayant; c'est ce que constate M. Boutmy dans son beau livre: *Le Développement de la constitution et de la société politique en Angleterre*, en ces termes: « La nation rurale était autrefois, dit-il, toute l'Angleterre, non seulement la proportion entre elle et la nation urbaine a été renversée, mais elle ne présente plus que 12 0/0 de la population active. Les petits propriétaires ont quitté la place, les petits fermiers les ont suivis, grands fermiers et régisseurs occupent presque tout le territoire... Les ouvriers agricoles ont essaimé par grandes masses... Dans les campagnes, l'État ne rencontre plus à mi-hauteur les groupes prospères, énergiques, indépendants des Freeholders, il tombe tout d'une chute sur des masses raréfiées, atones, et aussi instables que les populations manufacturières. La caste nombreuse, laborieuse, qui forme la base de notre société politique française, n'a pas d'analogue en Angleterre (1). »

On a dit que: « le principe de l'indemnité ferait naître les longs baux (2). » Cela peut être vrai en Angleterre où, malgré l'affirmation contraire de M. Baudrillart qui a pris le fait pour le droit, les baux étaient en général annuels, résiliables à volonté; mais cela ne serait pas en France, où il ne tarderait pas à se former une classe particulière de fermiers qui, véritables écumeurs de terre, chercheraient surtout à conclure des baux excessivement courts, afin d'avoir droit plus souvent à une indemnité de plus-value que dans l'état de nos mœurs les experts leur accorderaient facilement. Ce danger a déjà été signalé en Belgique par les membres du Conseil supérieur de l'agriculture; d'ailleurs, c'est un fait qu'en ce moment les fermiers en général refusent de signer de longs baux, il ne tient qu'à eux de les obtenir; c'est un autre fait que la Société des agriculteurs du Nord a refusé d'adopter les deux articles du projet des députés du Nord qui faisaient disparaître l'obligation à l'indemnité lorsque la durée d'un bail de 18 ans était portée sans augmentation à 24 ans.

Je pourrais aussi demander si la société est intéressée à voir surgir, comme le reconnaît M. Lecomte dans son rapport sur la proposition Lesouef, une nouvelle « source de procès interminables » qui seront beaucoup plus profitables aux hommes d'affaires qu'aux

1. Annales de l'Ecole libre des sciences politiques, année 1886, p. 512.
2. *Journal des Economistes*, novembre 1889, page 167..

agriculteurs, procès qui résulteront de l'antagonisme entre propriétaires et fermiers, et de la multiplicité d'expertises délicates sur
lesquelles d'habiles chimistes eux-mêmes parviendraient diffici-
lement à s'entendre.

On a paru croire que la plus-value, selon la proposition qui en a
été faite en Belgique, pourrait être appréciée par le taux plus élevé
de la nouvelle location. Si donc le nouveau fermier accepte une
augmentation de fermage de 5, 10 ou 20 fr. par hectare, le propriétaire
devra, dit-on, soit abandonner au fermier sortant une partie du fermage pendant un certain nombre d'années, soit lui payer une
indemnité en capital représentant la somme qui serait ainsi obtenue,
soit lui laisser continuer la location aux mêmes conditions qu'auparavant.

Ce système, séduisant en apparence seulement, devrait supposer
la réciprocité, c'est-à-dire qu'en cas de baisse du prix du bail, le fermier sortant devrait à son tour au propriétaire une indemnité cal-
culée d'après le taux du nouveau bail et alors, en ce moment par
exemple, les fermiers devraient tous payer des indemnités, à leur
sortie, au propriétaire ; mais ce n'est pas ainsi qu'il faut l'entendre,
dans un cas pas plus que dans l'autre cette solution ne saurait être
équitable, car trop de causes, indépendantes du propriétaire aussi
bien que du fermier, peuvent faire hausser ou baisser le prix des
terres : le développement de la population et de l'aisance, le perfectionnement des voies de transport et l'extension des débouchés qui en
est la conséquence, augmentent naturellement le prix de la terre et,
par conséquent, le taux de la location que diminue, d'autre part, la
concurrence étrangère due précisément à cette rapidité extraordinaire
des communications qui est un des caractères les plus remarquables
de notre époque où la vapeur, l'électricité, le téléphone ne font plus
du monde entier qu'un seul et même marché.

Il n'est donc pas question ici d'un prix absolu résultant de la hausse
ou de la baisse du taux des fermages, mais d'un prix relatif établi par
comparaison avec le taux moyen des terres du pays ; de sorte que ce
qui reste de ce système, c'est que même en temps de baisse du prix
du fermage, le propriétaire pourrait avoir à payer à son fermier une
indemnité qui paraîtrait d'autant plus considérable et serait d'autant
plus onéreuse que son revenu aurait diminué davantage ; car la plus-
value que représentent certains travaux pour un domaine peut être
fort inférieure à leur prix de revient, elle peut même pour le propriétaire disparaître complètement dans les moments de crise, où
la valeur du sol se trouve diminuée dans des proportions variant suivant les régions, mais partout considérables. Ne voit-on pas aussi
quel aliment nouveau de difficultés d'appréciation et de procès décou-
lerait de cette manière de procéder.

Pays étrangers. — Outre l'équité et l'utilité sociale, les partisans de l'indemnité au fermier sortant qui veulent l'introduire dans notre législation invoquent l'exemple *de pays étrangers:* l'Angleterre, où elle a été admise d'abord d'une manière facultative en 1875-76, puis imposée et rendue obligatoire par la loi du 25 août 1883, et la Belgique.

Dans le rapport que j'ai eu l'honneur de présenter l'année dernière à la 1ʳᵉ section, j'ai analysé les deux lois anglaises (1), je n'y reviendrai pas ici; car j'aurai l'occasion de rappeler les principaux articles de la loi de 1883, en examinant plus loin le projet proposé par la Société des agriculteurs du Nord, je dirai seulement qu'elles étaient nécessaires dans un pays où la plupart des baux étaient *at vill,* c'est-à-dire à volonté, pouvant être rompus chaque année: il était donc de toute justice de reconnaître au fermier un droit sur les améliorations non épuisées faites au cours d'un bail dont rien ne lui garantissait la durée, et le propriétaire se serait véritablement enrichi aux dépens de son fermier congédié subitement, si la loi n'avait pas accordé cette indemnité.

Cela est si vrai que cette loi ne s'appliquait pas à l'Écosse, où l'usage des longs baux, introduit depuis longtemps, assurait au fermier une jouissance déterminée lui permettant de faire, dès le début, des avances considérables dans lesquelles il savait pouvoir rentrer.

Bien plus, la loi anglaise, faite pour remédier à certaines conséquences de ces baux à volonté, trouve dans ces baux eux-mêmes un correctif qui ne peut exister en France et sur lequel il importe d'attirer l'attention; le propriétaire, s'il estime que son fermier entreprend des améliorations qu'il n'approuve pas, peut lui donner congé un an d'avance et, dès ce moment, le fermier n'a plus le droit de faire aucune amélioration, ou s'il en fait, il ne lui en sera tenu aucun compte.

Mais, en outre, la conception de la propriété en Angleterre ne ressemble en rien à celle de la propriété en France: le domaine éminent est censé appartenir à la nation et le domaine utile seul est entre les mains du propriétaire qui, la plupart du temps, n'est qu'un véritable usufruitier auquel le régime des substitutions ne laisse pas la libre disposition de ses biens. Les « settlements » qui sont d'usage dans toutes les grandes familles, assurent la transmission intégrale du domaine patrimonial de génération en génération et immobilisent le sol entre leurs mains. La propriété de la terre est devenue inaccessible au plus grand nombre par suite de la constitution de véritables latifundia dont l'existence est la cause des lois agraires proposées depuis quelques années. Aussi a-t-on remarqué que les propriétaires

1. Comptes rendus de la session de 1889, pages 802 et suiv.

eux-mêmes ne sont pas préparés à une résistance de principes et la « farmers alliance » a la prétention de transformer la jouissance de ses adhérents en quasi propriété, en demandant la fixité des tenures et la détermination des fermages par des arbitres officiels. « On ne cache pas le dessein, dit M. Boutmy, de réduire le propriétaire à la condition de simple redevancier et l'on appelle le jour où, sous les yeux de ce spectateur impuissant, les tenanciers cultiveront leur domaine à leur mode et se le transmettront de main en main (1). »

En France, au contraire, les baux, sans être aussi longs qu'il serait désirable, ont une durée fixe rarement inférieure et souvent supérieur à 9 ans : le fermier français sait sur quelle période de temps il peut compter et ne fait d'améliorations que celles qui lui profiteront au cours de son bail ; d'autre part, le propriétaire lié pour cette même période ne peut lui donner congé, comme en Angleterre, tant qu'il exécute les clauses de son bail. La propriété pleine et entière réside dans la même personne qui peut librement en disposer, la loi de partage égale la divise à l'infini, la prohibition des substitutions en empêche l'immobilisation ; chacun peut y prétendre et la moyenne et la petite propriété occupent la plus grande partie du territoire. Il n'y a donc aucune comparaison à établir entre la France et l'Angleterre tant au point de vue de la propriété en général qu'au point de vue des baux en particulier.

Et quant à la Belgique, il existe dans certaines provinces de très anciens usages codifiés pour la première fois dans le règlement du vieux bourg de Gand, du 17 octobre 1671 qui admettent l'indemnité au fermier sortant, mais les chambres Belges se sont toujours refusé jusqu'à présent à les généraliser et à leur donner force de loi. On a constaté que cette coutume rendait inutiles les baux à long terme et que, là où elle est en vigueur, beaucoup de terres étaient louées par bail verbal et annuel. La tendance générale est de conserver les usages anciens et de laisser à chacun la liberté de faire ce que bon lui semble : c'est ce qu'exprimait très bien M. Tsertevens dans la réunion de la Société centrale d'agriculture du 10 juin 1889. « Les mesures d'équité rentrent dans le rôle des conventions entre parties. Il y en a d'innombrables que le législateur ne peut pas prévoir. Et s'il y a un contrat qui doit constituer une convention essentiellement variable entre parties, c'est le bail à ferme. Le bail peut même, dans certaines zones être modifié complètement à cause de circonstances et de données exceptionnelles. De même que les progrès de la culture ont déjà influencé les contrats en bien des points, je suis persuadé que les progrès de la science commanderont aussi d'autres et de grandes modifications. Mais ces modifications ne doivent pas rentrer dans le rôle

_____

1. *L'Economiste français*, 1887, n° 23, p. 699.

du législateur. Ce sont des conventions et des actes qui doivent être adoptés par les parties intéressées sans que le législateur apporte là un ordre, un ukase, un règlement de nature à troubler profondément les relations entre propriétaires et locataires (1). »

Mais il ne suffit pas de poser un principe dont le vague peut quelquefois séduire des esprits généreux; il faut en voir l'application, et c'est par ses effets seulement qu'on en saisit toute la portée. Or tous les projets de loi déposés depuis quelques années se bornent à poser le principe, la Société des agriculteurs du Nord est la seule, qui, à l'occasion du projet présenté par trois députés du département, M. Maxime Lecomte, Trystram et Pierre Legrand, le 27 mars 1888, ait élaboré une proposition dans laquelle elle entre dans des détails d'application (2).

Dans le projet des députés du Nord, le propriétaire n'était obligé au remboursement de la plus-value qu'au cas de bail de courte durée (inférieure à 18 ans) ; il en était même dispensé s'il consentait une prolongation de bail d'au moins 6 ans permettant au fermier de tirer profit de ses travaux et de ses avances.

Le projet de la Société des agriculteurs du Nord, plus absolu, accorde toujours le remboursement de la plus-value. On peut dire que les députés de la région ont pris l'engagement de le substituer au leur, car voici comment s'exprime M. Lecomte, un des auteurs du projet primitif, devant la Société des agriculteurs du Nord : « Quant à la question d'application du principe, nous sommes tout disposés à accepter et à soutenir le projet qui nous est présenté en si bons termes et après un examen si approfondi par la commission qui a pour organe M. le rapporteur Bonduel (3). »

Il faut donc exposer ce projet, en montrer l'économie et bien saisir la pensée de ses auteurs; en le faisant, d'ailleurs, nous déférerons au désir de l'un des partisans de l'indemnité au fermier sortant, M. Baudrillart, qui nous invite à jeter les yeux sur les rapports émanés de sociétés d'agriculture comme la Société des agriculteurs du Nord, pour ne pas en dénaturer le caractère en leur prêtant des tendances contraires à leurs vues véritables (4).

Le projet accorde au fermier les 4/5 de la plus-value, 1/5 restant acquis au propriétaire (art. 1er).

Il divise en deux classes les améliorations de nature à produire

1. *Journal de la Société centrale d'agriculture de Belgique*, 1889, n° 7, p. 247.

2. La Société centrale d'agriculture du département de la Seine-Inférieure a examiné et repoussé la proposition Lesouef, dans sa séance du 10 avril 1889, à la suite d'un rapport de M. Amédée Leger.

3. *Bulletin* de la Société des agriculteurs du Nord, 1888, p. 690.

4. *Journal des Économistes*, novembre 1889, p. 168.

plus-value et en donne une énumération que nous allons suivre en en rapprochant les divers articles de la loi anglaise et les déclarations faites au Congrès international d'agriculture de 1889.

Dans la 1re classe, l'article 2 range : 1° les créations de pâture ou prairies permanentes ;

2° Créations de prairies irriguées ou de travaux d'irrigation.

Les créations visées par les deux premiers paragraphes ne pourront jamais dépasser 15 0/0 de la totalité de l'exploitation.

3° Création ou amélioration de chemins d'exploitation ;

4° Établissement de puits ou réservoirs pour les usages domestiques ; créations de fosses servant à l'écoulement des eaux ;

5° Plantations d'oseraies, de vignes, d'arbres fruitiers, etc. ; ceux des jardins d'agrément exceptés ;

6° Mise en culture de terrains vagues ;

7° Drainage, nivellement.

Si le propriétaire, prévenu de ces travaux par son fermier, refuse d'y consentir, ou faute par lui d'avoir répondu dans les 10 jours, le juge de paix procédera à la requête du preneur et, à bref délai, à la constitution d'une commission d'expertise composée de cinq membres, un choisi par le bailleur, ou, si celui-ci refuse, par le juge de paix, un par le preneur, et trois par le juge : cette commission décidera si les travaux sont utiles et peuvent être exécutés (art. 3, 4 et 5.)

Le procès-verbal d'expertise, légalisé par le juge de paix, sera dressé en triple exemplaire dont l'un restera à la justice de paix, les deux autres étant remis à chaque intéressé (art. 6.)

Toutes les améliorations portées dans cette première classe sont, sauf le drainage, celles-là même que la loi anglaise de 1883 à mises dans la première classe et pour lesquelles il faut toujours et nécessairement le consentement du propriétaire dont le droit reste, par conséquent, entier et incontesté.

Et quant au drainage, que la Société du Nord n'hésite pas à permettre au fermier d'exécuter sur une simple expertise, la loi anglaise dont il constitue à lui seul la seconde classe d'amélioration ne laisse le fermier libre de l'établir, que si le landlord refuse soit de faire avec lui une convention réglant l'indemnité à lui accorder, soit de se charger lui-même du travail dont il peut faire payer au fermier les intérêts à 5 0/0 par an, ou des annuités d'amortissement en 25 ans dans lesquelles l'intérêt ne doit pas dépasser 3 0/0, annuités payables de la même façon que le fermage.

Cette comparaison nous montre combien un tel projet laisse loin derrière lui les propositions de la loi anglaise non pas de 1875, mais de 1883.

Le congrès international agricole de 1889, en n'admettant comme donnant droit à la plus-value que les améliorations ayant exclusivement le caractère agricole, en a exclu par là même toutes celles qui sont comprises dans cette première classe.

L'art. 7 énumère les améliorations de la seconde classe qui n'ont pas besoin de l'approbation du bailleur, ce sont :

1° L'approfondissement de la couche cultivée au moyen de profonds labours et fouillages ;

2° Terrage, marnage, chaulage, etc ;

3° Emploi d'engrais commerciaux, nitrates et sulfates exceptés.

4° Fumiers, purins et engrais analogues.

Or il faut observer immédiatement les difficultés et les impossibilités qui en résultent.

1° Pour l'approfondissement de la couche cultivée, il y aura là une appréciation très délicate, car il faudra nécessairement distinguer ce que le fermier sortant aura créé de ce qui lui aura été laissé par son prédécesseur ;

2° Le marnage est une amélioration foncière, une amélioration permanénte que le Congrès agricole laissait en dehors des améliorations culturales (1).

Par le marnage, on surexcite dans les premières années l'activité de la végétation, mais si l'on n'a pas soin de bien fumer le sol, il s'appauvrit ensuite petit à petit ; c'est une amélioration qui a besoin d'être surveillée et grâce à laquelle le fermier sortant pourrait, en en jouant avec habileté, faire augmenter de beaucoup l'indemnité qu'il réclamerait tout en ayant en réalité diminué la fécondité du sol.

Il en est de même du chaulage.

3° L'emploi des engrais commerciaux, nitrates et sulfates exceptés.

L'exception se justifie d'elle-même : les sulfates et nitrates n'ayant pour objet et pour résultat que de donner aux plantes l'azote dont leur apparence grêle et pâle révèle le besoin pour activer leur végétation languissante ; l'exemple cité l'année dernière par M. Jacquemart en est une preuve frappante, l'analyse ayant démontré que le blé récolté avait utilisé complètement les 200 kilos de nitrate de soude représentant 30 kilos d'azote qui avaient été répandus au printemps sur la pièce ensemencée.

Pour les engrais commerciaux, dont l'usage est d'un si grand secours pour l'agriculture qu'ils ont fait entrer dans une voie nouvelle et féconde, est-il possible, dans l'état actuel de la science, d'établir comment et dans quelle proportion ils peuvent concourir à une amélioration du sol existant encore réellement après la sortie du fermier ? Leur effet puissant et rapide enlève, il me semble, à la question l'importance qu'elle pouvait avoir autrefois où les fumiers seuls

1. Congrès international, p. 323.

étaient la base des engrais donnés à la terre. Un chimiste — et tous les experts ne sont pas chimistes — pourrait-il dire dans quelle proportion l'acide phosphorique, par exemple, répandu sous forme de superphosphate a été employé par la récolte qui vient d'être enlevée et quelle est la quantité qui en reste encore dans le sol? Comme l'appréciation devient délicate, quelle source d'arbitraire, d'erreurs, de controverses et par suite de procès; aussi beaucoup de bons esprits voient-ils dans l'emploi, d'ailleurs si répandu et si utile des engrais chimiques, un véritable obstacle à l'introduction, non pas seulement dans nos lois, mais même dans les clauses de nos baux à ferme, de l'indemnité au fermier sortant.

Ecoutons l'un deux, qui, unissant une science incontestée à une pratique déjà longue s'exprime ainsi : « C'est un fait, dit M. Lecouteux,
« que si les engrais chimiques sont l'un des plus puissants moyens
« d'action de la culture améliorante, il sont aussi, entre les mains
« d'un fermier sortant, un moyen de consacrer moins de terres à la
« production des fourrages et, par conséquent, de diminuer les ga-
« ranties que d'anciens baux prévoyants prenaient contre l'épuise-
« ment du sol. Il y a tout un art pour aménager et faire absorber les
« engrais chimiques, de telle manière qu'il n'en reste rien après la
« dernière année du bail. Cet art démontre qu'au besoin ces engrais
« constituent un capital éminemment circulant, puisque entre son
« avance et sa réalisation il ne peut s'écouler qu'une année. En ce cas,
« il est évident que l'indemnité à payer au fermier sortant pour capi-
« talisation d'engrais dans le sol, est toute réglée. Elle n'a pas de
« raison d'être. Il faut donc l'éliminer des discussions qui concer-
« nent les améliorations créées par le fermier.
« Ce n'est pas seulement la pratique qui autorise cette conclu-
« sion... la science apporte aussi son contingent de preuves... il est
« permis de dire qu'à Rothamsted, les engrais chimiques ne se capi-
« talisent dans le sol que pour une année.
« D'autres expérimentateurs sont en contradiction formelle avec
« les savants anglais de Rothamsted. Pour ceux-là, la fumure peut
« être très inférieure à la composition chimique de la récolte ; mais
« pour motiver cette infériorité si désirable au point de vue de la
« dépense en argent, on s'appuie sur les parties lentement assimila-
« bles que, d'une part, les vieilles fumures et que, d'autre part, le sol
« lui-même amassent dans les sols bien fumés ou dans les sols natu-
« rellement riches. Il y aurait dans cet ordre d'idées deux sortes
« d'engrais : les engrais fonciers qui ne quittent le sol qu'après plu-
« sieurs années et qui restent dès lors immobilisés assez longtemps,
« et les engrais circulants dont les engrais chimiques sont, après les
« fumiers très décomposés avant leur enfouissement, les types les
« plus accentués...

« Il y a, dans ces contradictions scientifiques, des motifs suffisants
« pour regarder, comme n'étant pas résolu, le problème de l'estima-
« tion des engrais laissés dans le sol par les fermiers améliorateurs.
« L'estimation est certes plus facile pour les fumiers dont la durée
« d'action est plus longue et dont l'abondance est justifiée par le
« bétail et par les fourrages de la ferme. Elle devient très difficile
« pour les engrais chimiques que le fermier a pu récupérer par ses
« récoltes des dernières années du bail. Et puis, il n'y a pas beaucoup
« de fermiers qui se livrent à ce système de capitalisation par des
« engrais qu'il est possible de reprendre très vite (1). »

En fait d'améliorations culturales d'ailleurs, combien ont duré de
celles qui ont été le plus admirées, même parmi celles qui ont reçu la
consécration des primes d'honneur de nos concours régionaux ? Sim-
plement parce que l'effort avait dépassé en intensité ce qu'il était
raisonnable de faire. Il y a, en effet, des systèmes de culture qui con-
viennent à certains pays, dans des milieux économiques déterminés ;
transportez-les dans d'autres contrées, ils ruineront sûrement ceux qui
les voudraient mettre en pratique.

Les agriculteurs ne demanderaient pas mieux que de croire aux
promesses si séduisantes des partisans de l'indemnité au fermier sortant ; mais qui donc parmi eux ne pourra s'empêcher de traiter de
dangereuse utopie des affirmations comme celles-ci : « La terre sera
cultivée toujours dans les mêmes conditions, c'est-à-dire dans
d'excellentes conditions et dès lors elle restera à son taux normal d'une
façon continue ; il n'y aura de plus-value que pour la première
période : dans l'avenir, le propriétaire n'aura plus à payer d'indemnité pour plus-value (2). »

4° Quant aux fumiers, purins et engrais analogues, je suppose
que la Société des agriculteurs du Nord veut parler de ceux qui
seraient, non pas fournis par la ferme elle-même, mais achetés au
dehors, encore serait-il bon d'en faire la distinction nécessaire,
distinction que la loi anglaise a nettement établie ; elle ne parle en
effet que des engrais achetés.

Le preneur devra faire procéder avant l'enlèvement de la dernière
récolte à une expertise contradictoire confiée à une commission de
trois experts choisis par le fermier sortant, le bailleur et le juge de
paix qui sur le refus du bailleur en nommera deux (art. 8, 9, 10, 11).

Les juges de paix jugeront en dernier ressort tous les différends
(art 12), les justiciables n'auront même pas la garantie suprême d'un
tribunal supérieur composé de plusieurs juges, ce qui assurerait
davantage la maturité et l'indépendance de leur décision ; ainsi

1. *Journal d'agriculture pratique* du 26 sept. 1889, pag. 440 et 441.
2. Congrès international, page 337.

seraient augmentées d'une façon démesurée les attributions d'un juge
dont les décisions n'étaient sans appel que jusqu'à concurrence de
200 francs et entre les mains duquel on n'hésiterait pas à remettre
des causes portant parfois sur des sommes considérables.

L'article 13 partage les frais entre les parties.

Enfin l'article 14 est ainsi conçu : « Toutes clauses de bail contraires à la présente loi seront nulles et non avenues. » Cet article n'est pas clair et prête à l'équivoque. Vise-t-il seulement les baux
à venir ou porte-t-il atteinte au principe de la rétroactivité des
lois ? C'est une question que je me permets de poser, car lorsqu'on
invoque l'intérêt social, les principes eux-mêmes fléchissent et dis-
paraissent.

Tel est ce projet, adopté et reproduit depuis dans ses grandes
lignes par la Société d'agriculture pratique de l'arrondissement du
Havre dans sa séance du 7 janvier 1890.

Voilà où on en arrive quand des hauteurs des principes on descend
dans la pratique, et il ne faut pas se le dissimuler, c'est jusque-là
qu'il faut aller, c'est jusqu'à ces conséquences extrêmes qu'on aboutira fatalement si on admet l'intérêt social.

On a dans une Revue de législation qualifié de « monstrueux (1) »
le projet des députés du Nord ; je me garderai bien de qualifier celui
de la Société des agriculteurs du Nord, mais je puis dire qu'il est la
déduction rigoureuse et logique du principe et qu'à lui seul il suffit à
le condamner. D'ailleurs je préfère laisser à M. Baudrillart lui-même
le soin de caractériser le projet d'une société dont il n'a pas craint
de nous recommander « d'imiter l'intelligente adhésion » (2).

Ce projet, comme on vient de le voir, va bien au delà de la loi
anglaise de 1883 ; or, voici ce que M. Baudrillart dit de la loi anglaise :
« Au fond, elle livre au fermier presque toute l'exploitation. Il est
aux trois quarts le vrai maître du domaine (3). » — « Nous aurions
compris de telles protestations s'il s'était agi d'imposer à la France,
dans son intégralité, la loi anglaise qui règle les droits et obligations
du propriétaire et des fermiers... Cette législation subordonne à
l'excès l'action du propriétaire à celle du fermier... Nous admettons
que cette sorte d'abdication entre les mains des fermiers dont se sont
accommodé les landlords anglais ne soit pas du goût de nos propriétaires (4). »

Ce projet aggrave celui des députés du Nord ou, pour nous servir
des expressions du rapporteur, il le rend « complet et pratique » (5),

1. Lois nouvelles, année 1889 n° 3, p. 69.
2. *Journal des Economistes*, août 1889, p. 167.
3. *Id.*, p. 169.
4. *Journal des Economistes*, novembre 1889, p. 163.
5. *Bulletin* de la Société des agriculteurs du Nord, 1888, p. 669.

en ce sens qu'il applique le principe de l'indemnité dans tous les cas, que les baux soient ou non inférieurs à 18 ans; seulement à la quasi dictature du juge de paix il substitue celle des experts : or voici l'appréciation de M. Baudrillart :

« Nous n'approuvons pas plus que nos contradicteurs les idées « fondamentales du projet déposé à la dernière Chambre par les « députés du Nord. Il donne à la loi une extension tout à fait abusive « à notre sens en élevant la prétention de dicter aux propriétaires « ce qu'ils ont à faire. On ne respecte pas la propriété quand, parmi « d'autres mesures, on va jusqu'à prendre le juge de paix comme « arbitre des cas litigieux d'amélioration qui, selon ces législateurs, « doivent être imposées au propriétaire par le fermier. On s'étonne « en vérité de voir attribuer à ce magistrat en matière de cultures, « d'engrais, d'irrigations, une compétence qui devrait dépasser en « plus d'un cas celle de nos agronomes et de nos chimistes. Et quand « bien même il aurait cette compétence, elle ne l'autoriserait pas à « jouer ce rôle quasi dictatorial. Entre les opinions que soutiennent « les auteurs de tels projets et la nôtre, il y a une différence absolue « quant au principe. Nous n'admettons la contrainte légale que pour « assurer la justice : les améliorations agricoles ne sont pour nous « que la conséquence de ce respect du droit de l'une des parties jus- « qu'ici trop méconnue. Elles veulent la contrainte pour forcer le « propriétaire au progrès en assurant au fermier des pouvoirs qui « annulent en plus d'un cas le droit du bailleur à disposer de son « bien. Ils font du socialisme d'Etat, tandis que nous avons les pré- « tentions de rester dans les limites de l'économie politique (1). »

De l'aveu de M. Baudrillart lui-même, le seul projet qui soit entré dans le détail de la pratique est inspiré par le socialisme d'Etat, et tel est bien, en effet, son caractère comme celui du prétendu principe qu'il a voulu appliquer et faire prévaloir.

Est-ce à dire qu'après avoir établi la fausseté du principe de l'indemnité au fermier sortant, l'impossibilité de son application, les dangers de toute sorte qu'elle entraînerait, nous soyons obligés de conclure qu'il n'y a rien à faire devant une situation dont la Société des agriculteurs de France, ayant été la première à se préoccuper, a bien le droit d'affirmer qu'elle ne saurait se désintéresser.

Non, il est un fait certain, c'est qu'en général les baux sont encore rédigés d'après des formules anciennes trop souvent devenues clauses de style qui ne répondent plus en aucune façon aux progrès de la culture, aux besoins croissants de la consommation, aux méthodes scientifiques qui sont aujourd'hui si justement en honneur.

1. *Journal des Economistes*, novembre 1889, p. 166.

Déjà en 1879, la Société des agriculteurs de France avait mis à l'étude les améliorations dont pouvait être susceptible le système des baux à ferme et un questionnaire rédigé par une commission composée de membres de la 1ʳᵉ, de la 9ᵉ et de la 12ᵉ section, avait été adressé aux principales associations françaises et étrangères, aux officiers ministériels et aux agronomes les plus notables.

M. de Moustier dans son rapport présenté en 1882, après avoir décrit les différents usages constatés pour la durée de la jouissance, l'assolement, l'usage des foins, des pailles et fourrages, le mode de transmission du fermier sortant au fermier entrant et les conventions ayant pour but de faire rentrer le fermier dans les avances faites par lui pour travaux d'améliorations, concluait par le vœu « que, dans les concours, des médailles d'honneur soient décernées aux propriétaires et fermiers ayant conclu des baux rédigés de façon à favoriser le plus possible le développement de la production agricole et de la fertilité des terres ».

La 9ᵉ section décida que le prix agronomique serait décerné en 1883 à l'auteur du meilleur écrit sur les usages relatifs aux baux à ferme et sur les moyens de mettre la forme de ces contrats mieux d'accord avec les exigences de la culture. Mais ce concours n'a pas donné de résultat : cependant ce fut cette même année que M. Dumont et son fermier Vecten obtinrent, l'un une médaille d'or, l'autre une médaille d'argent, pour les clauses insérées par eux dans le bail de la ferme des Portes.

Depuis deux ans, la 1ʳᵉ section, préoccupée à bon droit de la solution de cette question urgente entre toutes, en a fait l'objet d'un concours, dont notre éminent président, M. de Monicault, vous a rendu compte en faisant ressortir avec netteté les conclusions presque toujours incomplètes, mais souvent intéressantes, adressées par onze concurrents.

Ce que l'on doit rechercher en effet, ce que l'on doit poursuivre, c'est l'amélioration des baux à ferme, leur adaptation plus complète aux nécessités de la culture, telle qu'elle se présente dans les différentes régions de la France où ce mode d'exploitation est en vigueur. Le vœu émis par la Société des agriculteurs à la suite de l'enquête de 1879 commence à être écouté. Plusieurs sociétés d'agriculture, celles notamment de Meaux et de Versailles, ont rédigé une espèce de bail-type pour la contrée dont elles représentent plus spécialement les intérêts et les besoins ; des renseignements particuliers, mais certains, nous permettent aussi d'affirmer que la Société d'agriculture de Melun a entrepris le même travail (1). Il serait à désirer que dans chaque

1. M. Forzy (Soissons), a présenté à la commission trois projets de baux qui peuvent convenir dans des pays de grande culture. Mais certaines de leurs clauses doi-

département les sociétés d'agriculture suivissent cet exemple, car c'est ainsi seulement qu'on peut se rendre compte par l'étude du sol, des cultures, des coutumes locales qui presque toujours ont des raisons d'être sérieuses, de la nécessité d'insérer telle clause, de proscrire telle autre, en un mot de proposer des améliorations qui, librement débattues de part et d'autre, et librement acceptées, chercheraient à satisfaire et arriveraient certainement à concilier, sans agitation d'aucune sorte, sans intervention législative, les intérêts des propriétaires et des fermiers.

Comme l'a très bien fait remarquer M. Lecouteux « c'est une étude qu il faut poursuivre en localisant les recherches : c'est par la voie des enquêtes multipliées qu'on arrivera le plus souvent à une solution, car c'est surtout ici qu'on doit se garder de trop centraliser, de trop unifier » (1).

Ces baux types rédigés soit par département, soit même — car dans certains le sol varie beaucoup — par arrondissement, pourraient servir de guide aux propriétaires tout aussi bien qu'aux cultivateurs désirant louer des fermes. Il s'établirait, en faveur des clauses qui y seraient introduites, une sorte de préjugé qui les ferait considérer comme le résultat de l'expérience acquise ou l'expression des améliorations entrevues comme désirables et possibles, tout en laissant chacun libre de les discuter, de les changer, de les modifier selon les conditions particulières dans lesquelles il se trouve.

Fixer la meilleure date d'entrée et de sortie, chercher à éviter la cohabitation des deux fermiers entrant et sortant, supprimer la jachère là où elle existe, c'est-à-dire continuer la culture courante du pays comme s'il n'y avait pas changement de fermier, empêcher autant que possible le fermier sortant de fatiguer la terre en l'intéressant à laisser de bonnes récoltes, tels sont les points principaux sur lesquels il conviendrait d'attirer l'attention.

En préconisant cet ordre d'idées qui nous paraît le seul vrai et le seul pratique, nous nous garderons bien de chercher à indiquer des combinaisons qu'on pourrait accuser d'être en contradiction avec la spécialisation, la localisation des baux, telle qu'elle nous semble répondre à la vérité des choses. Cependant, il est une clause dont on doit souhaiter la généralisation, pour ne pas dire l'uniformité, c'est celle qui est relative à la durée des baux : oui, les baux sont trop courts, tout le monde est d'accord sur ce point, et pourtant que se passe-t-il ? Les partisans théoriciens de l'indemnité au fermier sortant avouent qu'ils ne proposent l'indemnité que pour obtenir de

---

vent être complètement repoussées, parce qu'elles s'inspirent des idées fausses de la Société des agriculteurs du Nord.

1. *Journal d'agriculture pratique*, du 12 décembre 1889, p. 854.

longs baux. « La question des longs baux, c'est la question de l'indemnité, dit M. Baudrillart ; ces deux questions se touchent et se pénètrent (1) » ; mais les partisans praticiens de l'indemnité au fermier sortant, c'est-à-dire les fermiers eux-mêmes qui devraient en profiter, ne paraissent aucunement pressés de la réclamer. Il est même un fait évident de nos jours et qui ne pourra être contesté par personne, c'est que les fermiers se refusent souvent à conclure des baux d'une certaine durée.

En 1868, en 1873, en 1877, la Société des agriculteurs de France a recommandé le système des longs baux ; assurément il ne saurait plus être question de baux progressifs, justes et rationnels, à une époque où l'augmentation presque générale des fonds loués n'était pas plus le fait des propriétaires que des fermiers, mais était le résultat d'une prospérité qui se faisait sentir dans toutes les branches de la production : si les conditions économiques de la culture ont changé, ses conditions purement culturales sont restées lesmêmes. Il y a plus, l'assolement triennal autrefois si répandu tend partout à disparaître, les assolements nouveaux portent sur une période plus longue que par le passé, il est donc encore plus nécessaire pour le fermier d'obtenir de longs baux, afin de profiter de plusieurs périodes de rotation économique et de compenser les mauvaisesannées avec les bonnes. Je parle des mauvaises années au point de vue climatérique, car les prix depuis 7 ou 8 ans varient peu pour les céréales et ils se sont même relevés pour la betterave par suite de la nouvelle loi sur les sucres.

Or, malgré la baisse des prix de fermage, malgré les offres des propriétaires, les fermiers en général ne veulent plus de longs baux ; il y a cependant des exceptions, nous connaissons et nous pourrions citer des fermiers dignes de ce nom qu'ils portent honorablement et transmettent à leur fils, qui ont renouvelé leurs baux aux mêmes conditions qu'auparavant et pour une longue période de temps, mais ceux-là restent dans leur ferme sans chercher à réaliser leur fortune si légitimement acquise pour en jouir, et continuent à maintenir l'honneur de la culture française en soutenant vaillamment la lutte de toutes leurs ressources et de toute leur intelligence aiguisée par l'expérience et la pratique.

Nous ne devons pas moins maintenir avec fermeté le conseil donné aux propriétaires de consentir de longs baux : le fermier a le temps de réaliser des améliorations et d'en profiter, il peut retirer l'intérêt et l'amortissement des capitaux employés dans son exploitation, et l'on évite ainsi le retour trop fréquent des changements de fermiers préjudiciables à la fois au sol, au fermier et au propriétaire ;

1. Congrès international, p. 310.

d'ailleurs avec les longs baux, ne pourrait-on pas pour sauvegarder les intérêts des deux parties, stipuler que le taux du fermage au lieu d'être fixe et invariable, suivrait et reflèterait les oscillations du marché, variant par conséquent tous les ans ou tous les deux ou trois ans selon les moyennes des mercuriales ; c'est ce qui se fait depuis longtemps et encore de nos jours en Danemark, où les prix sont fixés chaque année d'après une échelle qu'on appelle la taxe du chapitre à cause de son origine ecclésiastique : c'est ce qu'on a proposé en Belgique ; c'est aussi ce qui se faisait beaucoup autrefois à une époque où ce système servit de transition entre le paiement en nature et le paiement en argent. Ainsi serait atténué l'inconvénient d'un engagement contracté pour longtemps, puisqu'il répartirait d'une manière plus équitable entre le propriétaire et le fermier les chances de hausse ou de baisse des principaux produits agricoles.

Indépendamment des longs baux qui, dans l'état actuel de notre législation, ne peuvent être recommandés pour certaines catégories de personnes, trois moyens qu'il est utile de rappeler ont été proposés pour assurer au fermier la jouissance des améliorations qu'il aurait pu faire, ce sont : les baux à primes de M. de Gasparin, la clause dite de lord Kames, et le rachat des années de jouissance recommandé par Mathieu de Dombasle, en France, et lord Coke d'Holkam, en Angleterre.

Par les baux à primes, le bailleur s'engage à tenir compte au preneur à la fin de son bail d'une prime convenue à l'avance, s'il exécute des améliorations prévues par les deux parties ou s'il augmente le nombre des têtes composant le cheptel.

Par la clause de lord Kames, le preneur a le droit d'offrir au bailleur un tant pour cent d'augmentation sur l'ancien prix du bail ; si le bailleur accepte, le bail est renouvelé ; s'il refuse, il doit payer au preneur une somme égale à dix fois le montant de l'augmentation annuelle offerte par le fermier, soit par exemple 10.000 fr. s'il refuse une augmentation de 1.000 fr.

Par le rachat des années de jouissance, le preneur qui a commencé à faire des améliorations ou qui veut en entreprendre de nouvelles pour l'amortissement desquelles les années de bail restant à courir ne sont pas assez nombreuses, propose au bailleur une prolongation de son bail pour une durée égale aux années écoulées ; si les deux parties tombent d'accord, le bail peut être ainsi renouvelé à plusieurs reprises et même indéfiniment ; si l'accord ne peut se faire, le preneur averti que la jouissance se terminera à une époque fixée, cherche à tirer le meilleur parti des améliorations faites par lui. Assurément dans ce dernier cas, cette clause ne satisfait en aucune façon à la prétendue nécessité sociale de demander au sol son maximum de production ; mais elle a au moins l'avantage de mettre à néant l'argument d'ailleurs forcé tiré de l'équité et c'est en somme cette clause qui formait l'article 5 de la proposition de loi des députés du Nord, que la Société des agriculteurs du Nord a complètement repoussée, montrant bien par là que ce qu'on veut surtout obtenir, ce ne sont point de longs baux mais une indemnité.

Pourquoi, toutes ces clauses connues, le fermier au moment où il va passer un bail, n'en demande-t-il pas sinon l'insertion, du moins l'équivalent au propriétaire avec lequel il traite et n'est-ce pas d'ailleurs ce qui se fait déjà dans les environs de Paris ou insensiblement se sont introduites dans les baux des conditions qui les ont complètement changés au point de vue des facilités laissées au fermier pour la culture, les assolements, la vente des pailles et des fourrages ; n'est-ce pas ce qui se passe dans le département du Nord lui-même, comme le reconnaissait au Congrès international un agriculteur de ce département, lorsqu'il avouait que le système de l'indemnité existait déjà en fait dans sa région (1), preuve bien évidente qu'il n'est pas besoin d'une loi pour l'imposer ; si le fermier veut véritablement faire des améliorations dans son intérêt personnel d'abord, car c'est le stimulant le plus énergique du travail, et dans l'intérêt de la propriété elle-même et par conséquent du propriétaire, il n'a qu'à les spécifier dans le bail en prenant, d'accord avec le propriétaire des dispositions telles qu'il puisse rentrer dans ses dépenses soit par une dimition du prix de ferme, soit de tout autre manière : chacun sait ainsi à quoi il s'engage, il n'y a pas de surprise, pas d'inconnu et si, par hasard, un tel fermier rencontrait un propriétaire comprenant assez peu la situation pour se refuser à de pareils arrangements, il n'aurait qu'à ne pas traiter avec lui, car il est aussi libre de ne pas prendre la ferme que le propriétaire de ne pas la donner.

Ainsi par le libre jeu des intérêts serait tranchée une question ou la loi n'a pas à intervenir : l'obligation en effet entrave et tue les conventions, la liberté les rend faciles et les vivifie : l'une crée un antagonisme fâcheux entre le propriétaire et le fermier ; l'autre les met à même de débattre loyalement les conditions d'un contrat ou l'accord doit se faire pour le bien commun. Et puisque nous sommes toujours tentés d'aller chercher à l'étranger des raisons de nous décider qui ne sont souvent pas applicables chez nous, laissez-moi vous citer les paroles pleines de sagesse et de bon sens prononcées au Congrès international par le baron Bonde, délégué de la Suède ; elles doivent clore cette discussion comme elles ont clos celle du Congrès, mais j'espère qu'elles trouveront ici un écho qu'elles n'ont pas rencontré là-bas : « La discussion d'aujourd'hui, disait-il, a montré qu'au fond il s'agit ici de la liberté des conventions entre le proprié-

1. Congrès international, p. 321.

taire et le fermier, et il ne m'est pas possible de supprimer la liberté des conventions... Je vous assure que dans mon pays où tout le monde a la liberté, on serait bien étonné si on apprenait que vous n'avez pas en France la liberté des conventions. Oui, si je venais dire dans mon pays que le Code doit intervenir dans les conventions entre particuliers, on serait bien étonné, que dis-je ? on ne me croirait pas. J'estime en effet que c'est là la chose la plus dangereuse. Ce qu'il y a de plus nécessaire pour le progrès de l'agriculture (et c'est là le but auquel nous tendons), c'est la collaboration des fermiers et des propriétaires : il ne faut pas les séparer et en faire deux classes différentes : ce ne sont pas deux classes différentes ! le propriétaire représente le capital foncier, le fermier, le capital d'exploitation. Eh bien, ces deux capitaux doivent être unis et non point séparés. Si vous n'admettez pas la liberté des conventions, si le fermier et le propriétaire n'ont pas le droit de convenir entre eux, librement du règlement de l'indemnité, si c'est la loi seule qui doit décider à l'expiration du bail, le fermier et le propriétaire se tiendront chacun de son côté ; ils seront ennemis, le capital foncier sera séparé du capital d'exploitation, et je crois que cela peut être au détriment du fermier... A mon avis, la seule manière de progresser, c'est de laisser la liberté des conventions pleine et entière, de laisser les particuliers s'arranger ensemble, comme ils l'entendront (1). »

Messieurs, la Société des agriculteurs de France comprendra ces nobles paroles ; elle tiendra à honneur, j'en ai le ferme espoir, de repousser ce faux principe de l'indemnité au fermier sortant que ne justifient ni l'équité, ni l'utilité sociale, ni les exemples tirés de pays étrangers, que condamnent au contraire les difficultés de son application, les procès qui en découleraient fatalement, l'intérêt bien entendu des cultivateurs et par conséquent du pays lui-même ; enfin, la constitution et la division de la propriété française ; elle acclamera une fois de plus le principe vrai et salutaire de la liberté des conventions, et, en le faisant, elle qui est un des plus grands exemples de la puissance de l'esprit d'initiative et de liberté, elle sera fidèle à son origine, fidèle à ses traditions et acquerra ainsi un nouveau titre à la reconnaissance de tous les agriculteurs.

M. de Belleville communique à l'Assemblée, mais sans la proposer à son vote, la résolution suivante adoptée par la section d'agriculture :

« La section d'agriculture, reconnaissant qu'il convient d'introduire des améliorations dans les baux, invite les sociétés agricoles

1. Congrès international, p. 338 et 339.

et comices à étudier, chacun dans sa circonscription, les modifications qu'il serait utile d'apporter dans leur rédaction pour améliorer la situation des fermiers entrant et sortant et maintenir la fertilité des terres. »

Il ajoute que la section d'agriculture a adopté, d'accord avec la section d'économie et de législation rurales, le vœu suivant :

« *L'Assemblée des agriculteurs de France émet le vœu : Que la loi ne puisse intervenir dans les conventions entre propriétaires et exploitants et que liberté entière leur soit laissée pour le règlement de leurs intérêts réciproques.* »

Le vœu est mis aux voix et adopté à une grande majorité.

Imp. de la Soc. de Typ. — Noizette, 8, r. Campagne-1re, Paris.